«Con hi[...]
Morphe[...]
Dios, q[...]
import[...]
nos dec[...]

**BARBARA REAOCH,** ex directora de la división infantil de Bible Study Fellowship; autora, *La Navidad de Jesús*

«Chris Morphew es como Tim Keller para los adolescentes. En este breve libro, aborda algunas de las preguntas difíciles de hoy con las Escrituras, la sabiduría y claridad, y con la cantidad justa de diversión, a fin de mantener a los jóvenes lectores deseosos de seguir leyendo. No puedo esperar para poner este libro en manos de mis tres hijos.

**CHAMP THORNTON,** pastor; autor, *The Radical Book for Kids* y *Why Do We Say Good Night?*

«Qué serie tan excelente... ¡realmente excelente! Estoy segura de que el estilo ameno, las explicaciones claras, las ilustraciones pertinentes y las ideas personales de Chris Morphew atraerán, informarán y equiparán a los preadolescentes mientras resuelven algunas de las grandes preguntas que se plantearán ellos y sus compañeros. En lugar de dar respuestas cortas y simplistas, los libros les permiten a los lectores cuestionar y desentrañar la evidencia. Estoy encantada de que se produzca un material tan bueno para quienes se encuentran en una etapa crucial de la vida y no dudo de que también será un recurso fantástico para quienes trabajan con este grupo de edad».

**TAMAR POLLARD,** directora del ministerio de familias, niños y jóvenes de la Grace Community Church, Bedford

«Las preguntas sobre la muerte pueden ser difíciles de formular. Y a veces las respuestas no son claras o no parecen ser ciertas. Bueno, ¡aquí viene Chris Morphew para ayudarnos! Al guiarnos a través de las respuestas de la Biblia a muchas de nuestras preguntas sobre la muerte, nos lleva a pensar en el mundo, en Dios, en cómo es Él, en cómo somos nosotros... y en por qué, cuando se trata de la muerte, ¡Jesús lo cambia todo!».

**COLIN BUCHANAN**, cantautor

«Chris es el maestro que desearías tener. Entiende de dónde vienes y se toma a ti, y a tus preguntas, en serio. Si esta es tu pregunta, o si solo quieres saber más acerca de Dios y el significado de la vida, este libro es para ti».

**DR NATASHA MOORE**, investigadora, Centro para el cristianismo público

# ¿QUÉ SUCEDE cuando MORIMOS?

# ¿QUÉ SUCEDE cuando MORIMOS?

**CHRIS MORPHEW**

Unilit

Publicado por
**Unilit**
Medley, FL 33166

Primera edición 2024

© 2021 por *Chris Morphew*
Título del original en inglés:
*What Happens When We Die?*
Publicado por *The Good Book Company*

Traducción: *Nancy Pineda*

Ilustraciones inspiradas por *Emma Randall*

Reservados todos los derechos. Ninguna porción ni parte de esta obra se puede reproducir, ni guardar en un sistema de almacenamiento de información, ni transmitir en ninguna forma por ningún medio (electrónico, mecánico, de fotocopias, grabación, etc.) sin el permiso previo de los editores.

A menos que se indique lo contrario, el texto bíblico se tomó de la Santa Biblia, Nueva Versión Internacional® NVI®
Propiedad literaria © 1999 por Bíblica, Inc.™
Usado con permiso. Reservados todos los derechos mundialmente.
El texto bíblico indicado con «NTV» ha sido tomado de la *Santa Biblia*, Nueva Traducción Viviente, © Tyndale House Foundation 2008, 2009, 2010. Usado con permiso de Tyndale House Publishers, Inc., 351 Executive Dr., Carol Stream, IL 60188, Estados Unidos de América. Todos los derechos reservados.
El texto bíblico señalado con RVC ha sido tomado de la Versión Reina Valera Contemporánea™ © Sociedades Bíblicas Unidas, 2009, 2011. Antigua versión de Casiodoro de Reina (1569), revisada por Cipriano de Valera (1602). Otras revisiones: 1862, 1909, 1960 y 1995. Utilizada con permiso.
Las citas bíblicas señaladas con BLPH se tomaron de la Santa Biblia *La Palabra* (versión hispanoamericana) © 2010 texto y edición, Sociedad Bíblica de España.

Producto: 491480

ISBN: 0-7899-2817-5 / 978-0-7899-2817-7

Categoría: *Vida cristiana / Jóvenes*
Category: *Christian Living / Youth*

Impreso en Colombia
*Printed in Colombia*

*Para Harriet:*
*Dios permita que nunca conozcas un día sin la gran esperanza de la resurrección.*

# Contenido

1. El problema del cielo ................................. 11
2. ¿Qué dice de veras la Biblia acerca de la tierra? ....................................................... 19
3. ¿Qué dice de veras la Biblia acerca del cielo? ... 29
4. ¿Qué dice de veras la Biblia acerca del infierno? 35
5. ¿Cómo obtengo la vida eterna con Dios? ..... 47
6. ¿Qué sucederá el día en que Jesús regrese?. 55
7. ¿Cómo será la vida cuando Jesús regrese? .. 63
8. ¿Cómo seremos nosotros cuando Jesús regrese? ........................................................... 71
9. ¿Qué pasará con mis amigos que no conocen a Jesús? ............................................ 79

Referencias ........................................................ 89

Agradecimientos ............................................... 91

Guía de estudio ................................................. 93

# Capítulo 1

# EL PROBLEMA DEL CIELO

Imagina que un día estás en casa y de repente alguien llama a la puerta. La abres y te encuentras a tu amiga parada allí con una extraña sonrisa en su rostro, como si tuviera una noticia increíble que está deseando contarte.

—Oye —dices—. ¿Qué pasa?

Sin embargo, al principio, está tan emocionada que todo lo que puede hacer es sonreírte.

Después de un largo silencio, por fin pierdes la paciencia y preguntas:

—¿Qué? ¿Qué está sucediendo?

—Voy al mejor lugar del universo entero —te responde, como si fuera a desmayarse de felicidad, allí mismo en la puerta—, ¡y quiero que vengas conmigo!

—Ah, está bien. ¡Genial! —le dices—. ¿Adónde vamos?

Las palabras salen con un grito ahogado, como si solo de pensarlo la dejara sin aliento:

—¡La sala de espera del dentista!

—Espera, ¿qué? ¿Por qué? ¿Te pasa algo en los dientes?

—¿Qué quieres decir? —inclina la cabeza, confundida—. ¿Por qué iba a pasarme algo en los dientes?

—Bueno, ¿no es por eso por lo que la mayoría de la gente va al dentista?

—No voy al dentista —dice—. Voy a la sala de espera.

—Ah —dices. Luego, cuando queda claro que espera que digas algo más, agregas—: ¿Por qué?

—¡Porque es *maravilloso*! —responde, con la voz entrecortada—. Está todo limpio, reluciente y brillante, y la gente que trabaja allí usa esos trajes blancos geniales, y todo el día te quedas sentada y pensando: "¿No es genial? ¡No puedo creer que esté en la sala de espera del dentista!".

Una única lágrima de alegría corre por su mejilla.

—¿No parece *increíble*?

Te quedas mirándola, dándote cuenta de lo tan seria que es al respecto.

—Entonces, ¿a qué esperas? —pregunta, con una voz como si acabara de ofrecerte mil millones de dólares—. ¿No vienes conmigo?

—Uf...

Empiezas a cerrar la puerta con la mayor educación posible, tratando de recordar con exactitud cómo, ante todo, te hiciste amigo de esta persona.

—Muchas gracias por la oferta, pero creo que prefiero quedarme en casa.

~~~~~~

El problema con la forma en que la mayoría de la gente habla del cielo es que lo hace parecer como la sala de espera del dentista. En realidad, hace que parezca *peor* que la sala de espera del dentista, pues al menos en el dentista sigues vivo.

Para ser justos, no *todo el mundo* habla del cielo de esta manera (por ejemplo, Jesús nunca lo hizo), pero por alguna razón, cuando la mayoría de la gente se imagina la descripción bíblica de lo que sucede cuando morimos, es algo como esto:

*Si vives una vida lo bastante buena mientras estás aquí en la tierra, cuando mueras, Dios te llevará muy, muy lejos, a un lugar llamado cielo. El cielo es ese lugar en las nubes con puertas y calles de oro, y todo está limpio, reluciente y brillante, y la gente que trabaja allí usa estos trajes blancos geniales, y todo el día llegas a...*

*Llegas a...*

*Uf.*

En realidad, estas descripciones suelen ser bastante breves en detalles sobre lo que se supone que debes hacer durante todo el día en un lugar así. Es probable que cantar y orar mucho, y tal vez aprender a tocar el arpa.

O tal vez solo nos quedemos flotando, pues la otra cosa que tienen en común casi todas estas descripciones es que hacen que el cielo parezca imaginario y espiritual, y mucho menos *real* que la vida aquí en la tierra.

Lo que me lleva a una pregunta...

¿Cómo es posible que alguien se emocione con un lugar como ese?

~~~~~~

Cambiemos un poco la historia de nuestro dentista.

Imagina que un día estás en casa y de repente alguien llama a la puerta. La abres, pero esta vez no es tu amiga la que está allí. Es un bombero.

«¡Rápido!», dice con urgencia. «¡Se acerca un incendio!

En quince minutos arderá toda la calle. Estamos evacuando a todo el mundo al dentista del otro lado de la ciudad. Abrieron su sala de espera para la gente que perdió su casa en el incendio. Puedes refugiarte allí».

Eso cambia un poco las cosas, ¿verdad?

Si tienes que elegir entre ir a la sala de espera del dentista o quemarte en un incendio, *por supuesto* que vas a elegir el dentista, pero sólo porque es la opción *menos mala*.

En serio, de seguro que estar en la sala de espera del dentista es *mucho mejor* que quemarse en un incendio, pero sigue siendo mucho peor que si tu casa de verdad no se quemara nunca.

Y mientras estás sentado en la sala de espera del dentista, leyendo una vieja revista de chismes de celebridades o lo que sea, dudo que pienses: «¿No es genial? ¡No puedo creer que esté en la sala de espera del dentista!».

~~~~~~~~~

Mi suposición es que la mayoría de las veces pensarías: «Quisiera poder recuperar mi verdadero hogar».

Algo que la gente suele hacer para que este lugar flotante y nuboso llamado cielo parezca al menos un poco bueno es empezar a hablar de ese lugar de cueva ardiente llamado infierno.

El infierno es la otra mitad de lo que casi toda la gente imagina que la Biblia dice que sucede cuando morimos. La imagen suele ser algo como esto:

*Si vives una vida lo bastante mala mientras estás aquí en la tierra, cuando mueras, Dios te enviará a un lugar llamado infierno. El infierno es un lugar en lo profundo de unas cuevas con fuego interminable y la lava inacabable, y todo es sucio, oscuro y aterrador, y la gente que trabaja allí usa unos trajes rojos que dan miedo, y se pasan todo el día lastimándote y castigándote por todas las cosas malas que hiciste mientras estabas en la tierra.*

Lo cual parece horrible por completo, ¿verdad?

Y si así son el cielo y el infierno en realidad, claro que el cielo parece mucho mejor que el infierno, pero para ser sincero, todavía parece mucho *peor* que la vida que tenemos, aquí y ahora, en la tierra.

Me encantaría que hubiera alguna opción para decir: «Muchas gracias por la oferta, pero creo que prefiero quedarme en casa».

~~~~~~

Sin embargo, tal vez esta idea del *infierno* sea la única razón por la que elegiste este libro. Tal vez tengas el presentimiento de que, en realidad, existe un lugar como ese y tienes miedo de terminar allí.

O tal vez para ti ni siquiera se trata de la pregunta de *dónde*. Quizá la idea de estar en *cualquier lugar* para siempre te parezca agotadora o abrumadora, o incluso te dé un poco de miedo.

¿O tampoco es eso? ¿Te preocupa lo contrario, que los que creen en el cielo y el infierno se hayan equivocado y que no haya *nada* al otro lado de la muerte?

Mientras tanto, supongo que para algunos de los que están leyendo este libro, estas no son solo preguntas interesantes sobre lo que sucederá *más adelante*. Para algunos de ustedes, estas preguntas son importantes *ahora mismo*, pues alguien a quien quieren ya falleció, por lo que su verdadera pregunta es: «¿Estará bien?» o, incluso, «¿Va a estar en algún lugar?».

Y si *ese* es el caso, es probable que te dieras cuenta de que, hasta ahora, he dejado fuera una pieza muy importante de la imagen que muchas personas tienen del cielo, y es la idea de que, cuando llegues allí, te reunirás con todos tus amigos y familiares que murieron.

¿Y qué pasaría si *no* solo estás en un lugar de nubes flotantes? ¿Qué pasaría si estás en un lugar de nubes flotantes con las personas que amas?

Bueno, como es obvio, eso sería una gran ventaja.

Sin embargo, eso me lleva de nuevo a mi pregunta original. Si de veras existe algún tipo de vida eterna después de la muerte, ¿por qué tiene que ser aburrida y flotante?

No quiero parecer desagradecido ni nada por el estilo, ¿pero es eso de veras lo mejor que Dios puede hacer? Si realmente va a reunirnos con nuestros seres queridos para siempre jamás, ¿por qué tiene que suceder en un lugar tan *aburrido*?

~~~~~~~~~~

¿Y si te dijera que no?

¿Qué pasaría si te dijera que el cielo y el infierno son reales por completo, pero no son lo que tú crees que son?

¿Qué pasaría si te dijera que las buenas noticias sobre el futuro que Dios nos ofrece son muchísimo mejores de lo que crees, y que entender *de veras* esas buenas noticias podría transformar por completo no *solo* la forma en que ves el futuro, sino también la forma en que vives tu vida aquí y ahora?

# Capítulo 2

# ¿QUÉ DICE DE VERAS LA BIBLIA _acerca_ DE LA TIERRA?

**A**ntes de averiguar qué son el cielo o el infierno en realidad, primero tenemos que averiguar qué es la tierra.

No, espera. Para.

No te saltes este capítulo.

Me doy cuenta de que parece una tontería, ¿por qué necesitas que te explique lo que es la tierra? Quiero decir, vives aquí.

Sin embargo, lo cierto es que creo que una de las *mayores* razones por las que la gente no entiende lo que la Biblia dice sobre el cielo y el infierno es que no entienden lo que la Biblia dice acerca de la tierra.

Déjame explicar.

La mayoría de la gente supone que la Biblia enseña algo como esto:

*Todos empezamos aquí en la tierra, pero solo estamos aquí unos ochenta años. Luego, cuando morimos, Dios repasa nuestras vidas en la tierra y nos envía a pasar el resto de la eternidad en el cielo o en el infierno, dependiendo de cuán buenos o malos fuimos.*

*Además, tarde o temprano, Dios destruirá este mundo por completo. Ese día, se llevará a todas las personas que aún no hayan muerto y las enviará al cielo o al infierno también. A partir de entonces, la tierra quedará fuera de escena.*

En otras palabras, la tierra es temporal; el cielo y el infierno son permanentes.

Lo cual, cuando realmente lo piensas, es algo terrible, pues hace que toda nuestra vida en la tierra, solo parezca una prueba extraña y cruel a la que nos somete Dios. Si apruebas, Dios te recompensa con el cielo. Si fallas, te castiga con el infierno.

Menos mal que la Biblia no describe así nuestra situación en lo absoluto.

Vamos a empezar por el principio:

*En el principio Dios creó los cielos y la tierra.*
*(Génesis 1:1)*

Esta es la primera oración de la Biblia, la línea que nos da una primera idea de hacia dónde se dirige toda la gran y verdadera historia de la Biblia.

De inmediato, se nos presenta al héroe de nuestra historia: Dios.

También descubrimos el escenario de nuestra historia: *los cielos y la tierra.*

Y, a medida que avanzamos en la lectura, vemos a Dios creando todo el universo. Nuestro héroe crea este mundo grande y hermoso: montañas, mares, selvas tropicales, glaciares, girasoles, jirafas y mangos, y una y otra vez no puede dejar de celebrar lo bueno que es todo.

Y, por último, crea los *otros* protagonistas de nuestra historia:

*Así que Dios creó a los seres humanos a su propia imagen. A imagen de Dios los creó; hombre y mujer los creó. Luego Dios los bendijo con las siguientes palabras: «Sean fructíferos y multiplíquense. Llenen la tierra y gobiernen sobre ella. Reinen sobre los peces del mar, las aves*

*del cielo y todos los animales que corren por el suelo».*
*(Génesis 1:27-28, NTV)*

Del desbordamiento de su amor perfecto, Dios creó a los *seres humanos* para vivir en la hermosa tierra nueva que creó. Sin embargo, no solo para *vivir* aquí; nos crearon para *gobernar* este nuevo mundo, para explorarlo, llenarlo y cuidarlo, para usar los corazones y las mentes que Dios nos regaló para *seguir creando*. Para diseñar, descubrir, inventar y construir. Para hacer ciencia y crear arte. Para escribir historias y canciones. Para trabajar, jugar, aprender, disfrutar y, sobre todo, para estar con Dios para siempre. Por eso, unos versículos más adelante, leemos que Dios puso un «árbol de la vida» justo en el centro del hogar del primer hombre y de la primera mujer (2:9). A los seres humanos nos diseñaron para vivir eternamente en el mundo bueno de Dios, disfrutando de su amor perfecto y reflejándoles ese amor a Él y a las personas que nos rodean.

*Dios miró todo lo que había hecho y consideró que era muy bueno. (Génesis 1:31)*

Así es que la Biblia presenta la gran y verdadera historia del universo.

Esto es lo que dice la Biblia sobre quién eres.

Antes de que se creara *cualquier* otra cosa, te crearon de manera maravillosa, te amaron entrañablemente y te destinaron a vivir para siempre, aquí mismo en la tierra.

~~~~~~~~~~

Cuando Dios termina de crear el mundo, hace un jardín para que vivan las primeras personas, y la Biblia nos da esta asombrosa descripción de Dios que, al refrescar el día, «andaba recorriendo el jardín» (Génesis 3:8).

Este jardín es un lugar donde Dios y sus hijos caminan uno al lado del otro, en perfecto amor y amistad.

Sin embargo, al poco tiempo, un nuevo y misterioso personaje entra en la historia. Es un enemigo de Dios que quiere destruir la amistad perfecta entre Dios y sus hijos.

Ahora bien, como Dios es quien *creó* la tierra, eso significa que Él es el *gobernante* verdadero de la tierra y de las personas que viven allí, y Dios es un rey perfecto y amoroso.

Entonces, el enemigo de Dios se cuela en el jardín con una mentira: *Su Padre celestial no los quiere de verdad. No quiere que sean felices. No serán libres de verdad hasta que no se hagan cargo de ustedes mismos.*

Las primeras personas creen la mentira. Rechazan a Dios como rey y tratan de hacerse cargo de sí mismos. Rompen su perfecta amistad con Dios. Y al separarse de quien les dio la vida, traen la muerte y el sufrimiento al mundo.

En respuesta, Dios los echa del jardín.

Dios y su gente ya no están uno al lado del otro.

Se abrió un espacio gigante entre ellos.

Y a medida que la Biblia continúa, vemos cómo una y otra vez, a lo largo de toda la historia, los seres humanos *siguen* creyendo la misma mentira: que Dios no nos ama de verdad; que estaríamos mejor sin Él; que nosotros deberíamos mandar en su lugar.

Según la Biblia, ignorar y rechazar a Dios no es algo que solo hacen algunas personas. Es algo que hace todo el mundo.

El conflicto central en la Biblia, el problema detrás de todos los demás problemas en nuestras vidas, es que todos le damos la espalda a Dios.

~~~~~~~~~~

Hagamos una pausa aquí por un momento y veamos lo que sabemos hasta ahora.

Dios ama la tierra. La hizo para que fuera nuestro hogar perfecto, y la declaró muy buena.

Dios también ama a los seres humanos. Él nos creó para vivir para siempre en cuerpos físicos reales, aquí mismo, en la tierra.

La tierra no es temporal; es permanente. A ella pertenecemos, no solo por ahora, sino para siempre.

Sin embargo, lo trágico es que los seres humanos se han apartado de Dios, y han traído la muerte y el sufrimiento a su buen mundo.

Así comienza la gran y verdadera historia de la Biblia. Menos mal que ahí no termina todo. El resto de la Biblia cuenta la historia de la increíble misión de rescate de Dios para sanar nuestras relaciones rotas con Él y arreglar lo que salió mal en su buen mundo.

Pronto hablaremos de todo eso, pero por ahora, esto es lo que quiero decir: el principio de la historia, ese mundo perfecto antes de que todo saliera mal, nos presenta una imagen increíble de cómo *deberían* ser las cosas.

Y si el *principio* de la historia nos muestra la visión perfecta e ideal de Dios para nuestras vidas y nuestro mundo... entonces, ¿sabes cuál sería el terrible final de esa historia?

*Dios se da por vencido con su mundo roto y saca a sus hijos de su verdadero hogar para que pasen el resto de su vida en un lugar de nubes flotantes.*

Si ese es el final, el mundo de Dios no se arreglará. Queda *abandonado*.

Si ese es el final, el pueblo de Dios no pasa el resto de su vida en su verdadero hogar. Lo pasa en la sala de espera del dentista.

Si ese es el final, Dios *pierde*.

Si lo *mejor* que podemos esperar de la vida es una eternidad aburrida y medio real en un lugar de nubes flotantes, en mi opinión la historia del universo tiene un final tan malo que hace que todo parezca una pérdida de tiempo.

~~~~~~~~~~

Menos mal que esa *no* es la historia que Dios nos cuenta.

La tierra no es un proyecto fracasado al que Dios renunciara, ni un extraño campo de pruebas que Él usa para averiguar cuál es el lugar al que perteneces *en realidad*.

Dios creó este mundo. Él ama a este mundo. Y tiene la misión de salvar este mundo.

Sí, hemos arruinado nuestra amistad con Dios. Sí, el mundo está roto. A pesar de eso, Dios nos promete venir a rescatarnos.

Y, como veremos, este plan de rescate no se trata de llevarnos a vivir para siempre en *otro lugar*; se trata de arreglar lo que se rompió entre las personas y Dios, y convertir de nuevo *este mundo* en nuestro hogar perfecto.

# Capítulo 3

# ¿QUÉ DICE DE VERAS LA BIBLIA acerca DEL CIELO?

Entonces, si Dios no nos promete vida eterna en *otro lugar*, si todo el plan de Dios es restaurar *este* mundo y convertirlo en nuestro hogar perfecto donde podamos vivir para siempre, ¿dónde deja eso al cielo?

Si el cielo *no es* un lugar que Dios estableció para que sus amigos vayan a vivir para siempre después de su muerte... ¿qué *es*?

~~~~~~

Como vimos en el capítulo anterior, la palabra *cielo* (o *cielos*, como sea) aparece en la primera línea de la Biblia:

*En el principio Dios creó los cielos y la tierra.*
*(Génesis 1:1)*

Ahora bien, como quizá sepas o no, la Biblia no se escribió en un principio en español. Los autores originales escribieron sobre todo en hebreo o griego, que más tarde se tradujo al español para que todos pudiéramos leerla también.

¿Dónde se encuentran el sol, la luna, las estrellas y las nubes? En los *shamayim*.

¿De dónde viene la lluvia? Cae de los *shamayim*.

¿Dónde vive Dios?

Bueno, según la Biblia, vive en los *shamayim*. En todo el Antiguo Testamento de tu Biblia, encuentras cosas como esta:

> *Desde el cielo, Dios observa a la humanidad.*
> *(Salmo 53:2, RVC)*

> *El Señor ha establecido su trono en el cielo; su reinado domina sobre todos. (Salmo 103:19)*

Y cada vez que veas la palabra *cielo* o *los cielos* en el Antiguo Testamento de tu Biblia, siempre es una traducción de esa misma palabra hebrea para los *cielos*.

«Entonces, espera», estarás pensando, «¿no significa esto que la Biblia *dice* que el cielo es el lugar en las nubes donde vive Dios? ¿Y eso no prueba que el cielo es solo un cuento de hadas? Porque, quiero decir, he *volado* en un avión antes, he estado en los cielos y no vi a Dios, ni su trono, ni las puertas de oro, ni las arpas, ni nada de eso».

¿Qué está pasando aquí?

~~~~~~~~~~

Este es el desafío al que enfrentamos cada vez que intentamos describir a Dios.

Dios es ilimitado, pero el cerebro y el lenguaje humanos son limitados.

Dios es *mucho más grande*, más grande e increíble que nosotros, *muchísimo* más allá de lo que nuestra mente puede abarcar, y a menudo lo mejor que podemos hacer es decir: «Bueno, Él es algo *así* como esto...».

Entonces, sí, la Biblia incluye imágenes de Dios viviendo en «el cielo» o «los cielos», pero lo que es muy importante que tengamos en cuenta es que estas imágenes son solo *imágenes*. Son formas de describir al Dios ilimitado del universo en un lenguaje humano limitado.

El propósito no es mostrarte dónde puedes encontrar a Dios en un mapa.

El propósito es ayudarte a entender quién *es* Dios.

Dios no es una criatura más del universo. Para empezar, Él es quien está *más allá* del universo y quien lo *creó* todo. Él está muy por encima y más allá de nosotros en poder, amor y grandeza.

Por eso, hace miles de años, cuando los antiguos escritores de la Biblia buscaban una imagen que les ayudara a describir lo *inalcanzable* de la inmensidad de Dios, eligieron un lugar que les era inalcanzable por completo: el cielo.

Ahora, como es obvio para nosotros, que vivimos miles de años después en un mundo lleno de aviones, helicópteros y transbordadores espaciales, el cielo ya no es inalcanzable. Entonces, si hoy quisiéramos decir lo mismo sobre Dios, podríamos hablar de que Dios está «en otra dimensión» o «más allá de nuestro universo».

Sin embargo, la idea básica sigue siendo la misma:

Existe el espacio físico cotidiano en el que vivimos, que la Biblia llama *tierra*.

Pero luego hay *otro* espacio, un espacio que está *por encima*, *fuera* o *más allá* de nuestro universo, donde está Dios, al que la Biblia llama *cielo*.

Entonces, ¿qué es el cielo?

El cielo es *estar con Dios*.

Se trata menos de *dónde* y más de *quién*.

No obstante, como el cielo está más allá de nuestro universo, la única manera de que podamos estar con

Dios, o incluso de saber cómo es, sería que Él se mostrara a nosotros.

Menos mal que en toda la Biblia eso es con exactitud lo que encontramos que hace Dios.

~~~~~~~~~~

Piensa en esa descripción del Génesis de Dios «paseando por el jardín al fresco de la tarde».

¿De qué se trata esta imagen?

Es Dios viniendo a estar con su pueblo.

Es el cielo y la tierra uniéndose.

Allá en el principio, antes de que todo saliera mal, Dios y su pueblo (el cielo y la tierra) estaban perfectamente unidos. No necesitabas *dejar* la tierra para llegar a algún «lugar mejor» donde estaba Dios, pues *ya* estabas en el *mejor* lugar; ya estabas donde estaba Dios.

Entonces, la gente se separó de Dios y esa conexión perfecta entre Dios y su pueblo, entre el cielo y la tierra, se rompió. Dios todavía está en todas partes y sigue siendo el Rey. Sin embargo, la gente ya no está «con Él» como su amiga.

Menos mal que, como vimos en el último capítulo, Dios ama demasiado a su pueblo como para permitir que el mundo permanezca destrozado para siempre.

Dios tiene la misión de reunir a su pueblo consigo mismo, no evacuándonos a todos *fuera* de la tierra y llevándonos al cielo, sino devolviéndole al cielo su conexión perfecta con la tierra, trayendo el poder del cielo para sanar nuestro mundo roto.

No necesitamos *ir* al cielo, pues el cielo viene a nosotros.

# Capítulo 4

# ¿QUÉ DICE DE VERAS LA BIBLIA acerca DEL INFIERNO?

Así que si la gran y verdadera historia de la Biblia no se trata de que Dios envíe a todos a la vida eterna *en otro lugar*, si se trata de que Dios reúna perfectamente el cielo y la tierra...

Entonces, ¿dónde encaja el infierno en todo esto?

Para responder a esa pregunta, recurramos a la persona que más habló del infierno que nadie en toda la Biblia: Jesús.

~~~~~~

El nombre Jesús significa *Dios salva*. Sin embargo, a Jesús también se le llamó Emanuel, que significa *Dios con nosotros*, y juntos, estos dos nombres nos dan una imagen bastante clara de quién es Jesús: Dios mismo, que viene a rescatarnos.

Jesús es el cielo reconectándose con la tierra.

El mismo Jesús lo expresó de esta manera:

*Se ha cumplido el tiempo —decía—. El reino de Dios está cerca. ¡Arrepiéntanse y crean las buenas noticias! (Marcos 1:15)*

«El reino de Dios» fue la manera en que Jesús describió la unión del cielo y de la tierra. Jesús pasó mucho tiempo enseñándole a la gente cómo era la vida en el reino de Dios, y ni una sola vez habló del pueblo de Dios flotando hacia un lugar en las nubes.

Por el contrario, Jesús habló de la *resurrección*, de una nueva vida de entre los muertos.

Es más, Jesús describió un día en el que *todo el mundo* en la historia resucitaría de entre los muertos:

*Viene la hora en que todos los que están en los sepulcros oirán [mi] voz y saldrán de allí. (Juan 5:28-29)*

Jesús prometió que regresará algún día para reunir el cielo y la tierra, y hacer de nuevo este mundo nuestro hogar perfecto. Ese día, todos los que murieron volverán a la vida.

¡Son noticias fantásticas!

Aun así, solo hay un pequeño inconveniente.

Jesús prometió que ese día de la resurrección también será también el día en el que se eliminará el mal de una vez por todas, y en ese día, dijo Jesús, habrá dos clases de personas:

> *Los que hicieron lo bueno, saldrán a resurrección de vida; pero los que hicieron lo malo, a resurrección de condenación. (v. 29, RVC)*

En otras palabras, todos los que «hicieron lo bueno» resucitarán para pasar el resto de la eternidad en el reino de Dios, la unión del cielo y de la tierra, pero todos «los que hicieron lo malo» resucitarán para pasar el resto de la eternidad fuera del reino de Dios.

Volveremos a quién es «bueno» y quién es «malo» dentro de un rato, pero primero debemos hablar de cómo es de veras estar *fuera* del reino de Dios.

Lo que nos lleva al infierno.

~~~~~~~~~~

Es más, puedo hablarte bastante sobre el infierno, pues hice un viaje en autobús hasta allí hace unos años.

Bueno, algo así. No obstante, antes de llegar a eso, aquí tienes una descripción vívida en particular del infierno hecha por el mismo Jesús:

> *Si tu mano te hace pecar, córtatela. Más te vale entrar en la vida manco que ir con las dos manos al infierno, donde el fuego nunca se apaga. [...] Y si tu ojo te hace pecar, sácatelo. Más te vale entrar tuerto en el reino de Dios que ser arrojado con los dos ojos al infierno, donde «no morirá el gusano que los devora ni su fuego se apagará». (Marcos 9:43, 47-48)*

Así que eso es bastante intenso, ¿verdad?

Sin embargo, lo primero que debemos entender es que no, Jesús no quiere *en realidad* que te cortes las manos ni te saques los ojos si sientes la tentación de hacer algo malo con ellos. Jesús enseñó una y otra vez que el rechazo de Dios por parte de nuestro *corazón* es lo que nos separa de Él, no nuestras manos, nuestros ojos ni ninguna otra parte de nosotros.

El punto del lenguaje impactante *a propósito* de Jesús aquí es que debemos tomar estas cosas muy en serio, pues el infierno es una *mala noticia*.

Las malas noticias que, según Jesús, tal parecen que implican fuego interminable y gusanos.

Pasajes como este en la Biblia son los que llevan a la gente a imaginar el infierno como una cueva de fuego, pero las personas que escucharon a Jesús decir estas palabras hace dos mil años se habrían imaginado un lugar bastante diferente.

Mira, la palabra «infierno» que Jesús usa aquí es una traducción de la palabra «Gehena», que era el nombre de un *lugar real* fuera de la ciudad de Jerusalén en Israel. (Este es el lugar que visité en mi viaje en autobús).

La antigua Jerusalén era una ciudad situada sobre una colina, rodeada de murallas altas y fuertes. Se construyó para ser un lugar de seguridad, protección y comunidad. Jerusalén era la ciudad del rey y, lo más importante, albergaba el templo, donde la gente podía ir para estar con Dios.

Fuera de la muralla de la ciudad estaba el Gehena, que significa valle de Hinón. Siglos antes, en este valle, reyes malvados quemaron vivos a sus hijos como sacrificios a dioses falsos. Desde entonces, el Gehena se convirtió en un vertedero para la basura y las aguas residuales de Jerusalén. Los fuegos ardían sin cesar para destruir la basura, y el lugar estaba plagado de gusanos y lombrices.

Entonces, si estabas *dentro* de la ciudad, en Jerusalén, estabas en un lugar de vida, paz, alegría y amistad con Dios; pero si estabas fuera de la ciudad, en el Gehena, estabas *separado* de todo eso.

Y *esto*, dice Jesús, es la verdadera miseria del infierno: no el fuego ni los gusanos, sino la separación eterna del reino de Dios y del amor de Dios.

Sin embargo, este no es Jesús diciendo: *No te preocupes. En realidad, no es tan malo como pensabas.*

El objetivo de la vívida imagen del basurero de Jesús es ayudarnos a ver que terminar *separados* del amor de Dios (terminar fuera de la vida y del gozo del reino de Dios) es tan infinitamente trágico y terrible que, en concreto, no hay *nada* peor que pueda pasarte.

Piénsalo: Dios es la fuente suprema de toda vida, de toda felicidad, de toda paz, de toda libertad, de todo amor, de toda amistad y de cualquier otro don bueno. Sin Dios, *nada* de eso existiría, y aunque ahora podemos disfrutarlos por un tiempo, la separación eterna del reino de Dios significa separación de todo *eso*.

Entonces, por supuesto, eso plantea la pregunta: *Si Dios es tan amoroso, ¿por qué enviaría a la gente a un lugar como ese? ¿Por qué querría que la gente terminara separada de su amor?*

¿Qué sucede cuando morimos?

~~~~~~~~~~~~~~~~

Imagina que estoy acampando en medio de la nada y mi amigo me enciende una fogata para darme algo de luz y calor. Luego, en cambio, sin ninguna buena razón, decido alejarme de esa fogata y, cinco minutos después, me encuentro perdido, con frío y a oscuras.

¿De quién es la culpa?

Como es obvio, es mía, ¿no?

Sería *absurdo* culpar a mi amigo por mi situación. No hay problema con él ni con la fogata. El problema es que *me alejé*. Y al elegir abandonar la fogata, también elegía abandonar la luz y el calor que daba la fogata.

De manera similar, cuando una persona elige alejarse de Dios, también elige alejarse de su amor y su reino. Al final, *elige* el infierno.

¿Es de veras justo que esa persona se dé vuelta y culpe a Dios por haberle dado las consecuencias lógicas de una decisión que tomó?

Por otra parte, en mi situación de la fogata, de seguro que mi amigo *notaría* que me alejo del fuego y luego, si se preocupara por mí, con toda certeza vendría y me llevaría de *regreso* al fuego, ¿verdad?

Entonces, ¿por qué Dios no puede hacer algo así? Si nos hemos alejado del reino de Dios, ¿por qué Dios no viene a buscarnos? ¿Por qué no abre las puertas y nos invita a volver a entrar?

~~~~~~

Imagínate viviendo en Jerusalén, cuando Jesús estaba aquí en la tierra. Es *bueno* que tu ciudad tenga un basurero, ¿verdad? Es bueno que toda la basura de Jerusalén se saque de la ciudad, en lugar de amontonarla en tu casa y en las calles.

La única forma de que la Gehena fuera una *mala* noticia sería que de alguna manera terminaras *viviendo* allí.

Y de la misma manera, es una *buena noticia* para el mundo que Jesús prometa regresar y deshacerse de toda la maldad y el quebrantamiento del mundo, y transformarlo de nuevo en nuestro hogar perfecto: que algún día toda *nuestra* basura se sacará del mundo.

No más mentiras, chismes ni sentimientos heridos. No más violencia ni guerras. No más acoso. No más racismo. No más injusticia.

Sin embargo, aquí está el problema: ¿quién tiene la responsabilidad de todas esas mentiras, chismes, sentimientos heridos y todo lo demás? ¿Por qué nuestro mundo está lleno de basura?

Por culpa de la gente.

Por culpa de *nosotros*.

Recuerda, Jesús dijo que cuando Él vuelva, «los que hicieron lo bueno, saldrán a resurrección de vida; pero los que hicieron lo malo, a resurrección de condenación» (Juan 5:29, RVC).

Jesús también dijo: «Nadie es bueno sino solo Dios» (Marcos 10:18).

Y este problema va mucho más allá de *solo hacer cosas malas*.

~~~~~~~~~~

Digamos que entro en la oficina del director de la escuela donde trabajo y empujo a mi jefe fuera de su silla. Pongo los pies sobre su escritorio y empiezo a hacer llamadas telefónicas al resto del personal, cambiando todas las reglas de la escuela que no me gustan y reajustarme un enorme aumento de sueldo.

¿Cómo crees que me irá?

Quiero decir, quizá sea divertido imaginar que me pongo al mando de la escuela, pero la verdad es que, si de veras lo intentara, es probable que me despidan y, para ser sincero, me lo merecería. Mi director es el jefe legítimo de mi escuela. No puedo llegar y quitarle el puesto. Si quiero seguir trabajando en mi escuela, tengo que aceptar que mi director es el jefe y no yo.

~~~~~~~~~~

Y del mismo modo, Dios es el legítimo Rey del cielo y de la tierra. No podemos llegar y quitarle su puesto. Si queremos vivir en el reino de Dios, tenemos que aceptar que Dios es el Rey y nosotros no.

El problema es que ninguno de nosotros *hace* de veras esto. Todas esas decisiones individuales equivocadas y dolorosas que tomamos son la evidencia de que le hemos dado la espalda a Dios, de que lo hemos rechazado como nuestro legítimo Rey.

Y ahora que nos hemos alejado de Dios, no podemos regresar, al menos no por nuestra cuenta. Estamos atrapados en el camino que termina en la Gehena.

Así que si Dios tiene la misión de expulsar el mal, y si todos contribuimos a ese mal…

¿Cómo puede Dios expulsar todo el mal *de* su reino sin expulsarnos a *nosotros* también?

¿Cómo puede Dios acogernos de nuevo *en* su reino sin acoger con nosotros al mal?

Bueno, ese es justo el problema que Jesús vino a resolver.

Jesús no habló del infierno para amenazarnos ni asustarnos. Jesús habló del infierno para advertirnos de lo perdidos que estamos, a fin de mostrarnos de lo que vino a rescatarnos.

«Les aseguro que», dijo Jesús, «el que oye mi palabra y cree al que me envió tiene vida eterna y no será juzgado, sino que ha pasado de la muerte a la vida» (Juan 5:24).

En Jesús, Dios mismo vino a abrir de par en par las puertas de su reino y a invitarnos a volver a entrar, a tomarnos de la mano y llevarnos de vuelta a la fogata.

Y esto le da la vuelta a toda la historia.

# Capítulo 5

# ¿CÓMO OBTENGO LA VIDA ETERNA CON DIOS?

El primer auto que tuve fue un Hyundai Getz de segunda mano de color amarillo brillante. Y aunque con el paso de los años se fue desgastando cada vez más, de alguna manera seguí convenciéndome de que todavía era un auto en perfecto estado.

Quiero decir, por supuesto, que fue un poco molesto cuando el aire acondicionado dejó de funcionar, pero en su lugar podía abrir la ventanilla, ¿verdad? ¡Fácil! O, al menos, lo *habría* sido si mi ventanilla no hubiera tenido una de esas manijas de la vieja escuela, y si no se hubiera *roto* por accidente la mitad de esa manija, pero sea como sea, todavía se podía abrir la ventanilla si uno se lo proponía.

¿Y a quién le importaba si el depósito del limpiaparabrisas goteaba? ¡Podía esperar hasta que lloviera y limpiar las ventanas con *esa* agua! Claro que, cada vez que *llovía*, unos cuantos centímetros de agua de alguna manera llegaban al suelo a mis pies, ¡pero eso no era nada que una toalla no pudiera arreglar!

Y, bueno, tal vez fuera un *poco* preocupante que los frenos chirriaran como locos, y que todo el auto traqueteara con violencia cada vez que me detenía en un semáforo en rojo, y que a veces, cuando el semáforo volvía a ponerse en verde, pisara el acelerador y *no pasara nada* durante unos segundos, ¡pero el auto siempre volvía a ponerse en marcha al final! Y, en realidad, ¿acelerar y frenar son *tan* importantes para la experiencia de conducción?

De acuerdo. Entonces, al volver la vista atrás, el auto estaba, como era obvio, cayéndose a pedazos.

Sin embargo, todos esos problemas surgieron de manera tan lenta y gradual, que me acostumbré a ellos. Y como no tenía otro auto con el que compararlo, me convencí de que todo estaba bien. No *perfecto*, pero estaba bien.

Entonces, un fin de semana tuve que conducir hasta un lugar en medio de la nada. Y aunque estaba seguro de que mi auto estaba *bien por completo*, decidí pedir prestado el auto de otra persona para el viaje, por si acaso.

Mi madre accedió a intercambiar los autos para el fin de semana, así que ese sábado por la mañana me senté en el asiento del conductor de su auto y...

Fue *increíble*.

¡El acelerador aceleró! ¡Los frenos frenaron! Todo este tiempo me había estado convenciendo de que mi auto estaba bien, pero ahora estaba viendo cómo se *supone* que debe ser un auto y, de repente, entendí lo malo que era el mío.

El domingo, cuando llegó el momento de volver a cambiar nuestros autos, mamá llegó con cara de terror, la cara de alguien que se pasó todo el fin de semana conduciendo *mi* auto.

«Chris», dijo, «¡*no* puedes seguir conduciendo esa cosa! Sé que piensas que está bien, pero *no está bien*. Así *no* es que se supone que debe funcionar un auto. Es *peligroso*. Si sigues conduciendo ese auto, *vas a morir*».

Y después de comparar mi auto con el suyo, supe que tenía razón. Sin embargo, ¿qué otra opción tenía? *Darme cuenta* del problema no *solucionaba* el problema. La verdad era que no podía *permitirme* un auto nuevo.

Entonces, mamá dijo algo que me dejó boquiabierto: «Chris, quiero que te quedes con mi auto».

Resultó que vino a hacer mucho más que decirme lo condenado que estaba. Vino a ofrecerme un intercambio: su auto por el mío. Tomaría mi vieja trampa mortal y la vendería como chatarra, y yo me iría a casa con el auto que pagó *ella*.

~~~~~~~~~~

La razón por la que narro esta historia no es para contarles lo genial que es mi madre (aunque, por supuesto, es estupenda). Es para ayudar a explicar cómo Jesús ha lidiado con el desastre que hemos causado en nuestra amistad con Dios.

Cuando miramos a Jesús, vemos el ejemplo *perfecto* de cómo se supone que debe ser una vida humana. Vemos una vida rebosante de amor, sabiduría, generosidad y fidelidad perfectos para los que *nos* crearon.

Si eres como yo, te gusta pensar que eres una persona bastante buena, no perfecta, pero buena. Sin embargo, cuando comparo mi vida con la de Jesús, cuando vislumbro cómo se *supone* que debe ser una vida humana, de repente no estoy tan seguro.

Menos mal que Jesús no vino solo a ser nuestro ejemplo. Él no vivió una vida humana perfecta solo para darse la vuelta y decir: «¿Ves? Eso es lo que deberías haber hecho».

Jesús vino a hacer mucho más que *mostrarnos* una vida perfecta.

Jesús vino a dar esa vida por nosotros.

Vino a ofrecernos un intercambio: su vida por la nuestra.

Después de unos tres años de anunciar las buenas nuevas del reino de Dios, a Jesús lo arrestaron, sentenciaron a muerte y lo arrastraron fuera de la ciudad de Jerusalén como si fuera basura. Lo golpearon, lo clavaron en una cruz y lo mataron:

> *Cuando llegaron al lugar llamado la Calavera, lo crucificaron allí, junto con los criminales, uno a su derecha y otro a su izquierda.*
> *—Padre —dijo Jesús—, perdónalos, porque no saben lo que hacen. (Lucas 23:33-34)*

Entonces, si Jesús era tan bueno, ¿por qué lo trataron tan mal? Para entender bien *por qué* Jesús dejó que esto sucediera, debemos entender quién es este «Padre» con quien hablaba Jesús.

~~~~~

Una de las cosas más sorprendentes acerca de Dios es ser *tres en unidad*. La Biblia dice que hay un solo Dios verdadero, pero que existe en tres personas: Dios Padre, Dios Hijo (que vino a la tierra como Jesús) y Dios Espíritu Santo.

No se trata de tres dioses *diferentes*, ni de tres *partes* de Dios, ni de tres *formas* que Dios puede adoptar. *Todos* son Dios, *todos* juntos, *todo* el tiempo.

Lo cual es *increíblemente* confuso, como es obvio.

Aun así, esto es lo que nos muestra: incluso solo, Dios no está solo. En el centro mismo de la existencia de Dios está la relación perfecta y amorosa.

¿Por qué menciono esto ahora?

Imagina que alguien que conociste ayer anuncia de repente que se va de tu vida. A quién le importa, ¿verdad? Acabas de conocerlo.

En cambio, ahora imagina que la persona que más amas en *todo el mundo* anuncia que te deja. Eso es diferente por completo. Cuanto más antigua y estrecha es la relación, más duele cuando se rompe.

Lo que sucede con *nuestras* relaciones es que solo pueden remontarse hasta el día en que nacimos. Sin embargo, Jesús, Dios Hijo, tenía una relación *perfecta* con Dios Padre, que se remontaba *literalmente* a siempre.

Y en la cruz, *eso es* lo que perdió Jesús (Marcos 15:33-34).

Recuerda, el costo de rechazar el amor de Dios es la *separación* del amor de Dios; así que, para intercambiar *de veras* lugares con nosotros, eso es lo que Jesús tuvo que experimentar. No solo la muerte física. *La separación total del amor de Dios, su Padre.*

En la cruz, Jesús literalmente pasó por el infierno por nosotros.

Entonces, por supuesto, ese no es el final de la historia, pues Jesús no permaneció muerto. Y la resurrección de Jesús es la prueba viviente de que el reino de Dios y ese gran día de la resurrección no han llegado aún.

Lo que significa que ahora tenemos que tomar una decisión.

~~~~~~~~

A través de la muerte y resurrección de Jesús, Dios le ofrece a cada ser humano del planeta dos opciones sobre cómo les gustaría que los tratara el día que Jesús regrese.

Nuestra primera opción es recibir el *juicio* de Dios. Esto significa recibir un trato justo *por completo*, exactamente como merecemos, según la vida que hemos vivido.

Ya analizamos cómo se ve esto: «Los que hicieron lo bueno, saldrán a resurrección de vida; pero los que hicieron lo malo, a resurrección de condenación» (Juan 5:29, RVC). Y ya vimos que no acabará bien para nosotros.

Pero aquí está el punto: lo peor que Dios le puede hacer a cualquier persona, en cualquier lugar y en su vida, es ser completamente justo con ella.

Aunque esta fuera la única opción que Dios nos diera, seguiría siendo un Dios bueno.

De modo que Dios sabe dónde nos dejaría su juicio, y quiere para nosotros algo mucho mejor que eso. Por eso Jesús murió para ofrecernos nuestra segunda opción: La *gracia* de Dios.

«Les aseguro», dijo Jesús, «que el que oye mi palabra y cree al que me envió tiene vida eterna y no será juzgado, sino que ha pasado de la muerte a la vida» (Juan 5:24).

En la cruz, a Jesús *ya* lo trataron como mereces tú, lo que significa que si aceptas el intercambio que te ofrece Él, si pones tu confianza en *su* trayectoria en lugar de en la tuya, ahora te podrán tratar como merece *Jesús*. Te pueden recibir en casa con los brazos abiertos a la vida eterna en el reino de Dios.

Si vuelves a Dios y crees las buenas nuevas de que Jesús *ya* ocupó tu lugar, *no te juzgarán*. No necesitas preocuparte por lo que te sucederá cuando mueras. El juicio de Dios *nunca* caerá sobre ti porque, en Jesús, Dios ya lo hizo caer sobre *sí mismo*.

Gracias a Jesús, puedes pasar de la muerte a la vida.

# Capítulo 6

# ¿QUÉ SUCEDERÁ EL DÍA EN QUE JESÚS REGRESE?

Después de su resurrección, Jesús regresó al cielo, donde ahora gobierna el universo y se prepara para ese día futuro cuando reunirá el cielo y la tierra (Juan 14:2-3).

En este capítulo, quiero mostrarte algo más de lo que la Biblia dice que será ese gran día del regreso de Jesús.

Antes, en cambio, creo que debemos responder una pregunta más sobre la vida (o mejor dicho, sobre la muerte) antes de que Jesús vuelva. ¿Dónde están los amigos de Jesús que *ya* murieron?

Digamos que salgo de mi apartamento esta tarde y muero pisoteado por un hipopótamo que se escapó: ¿qué me sucede después? Quiero decir, como es obvio, rasparán mi cuerpo del suelo y lo enterrarán o lo incinerarán, o lo que sea, ¿pero *luego* qué?

Bueno, cuando el amigo de Jesús, Pablo, habló de la muerte, la describió como dejar esta vida e ir a estar con Jesús (Filipenses 1:23). Y cuando Jesús estaba en la cruz, uno de los hombres que moría a su lado le preguntó si él también podía ser parte del reino de Dios. Jesús recibió al hombre y le dijo: «Te aseguro que hoy estarás conmigo en el paraíso» (Lucas 23:43).

Así que, ¿dónde están los amigos de Jesús que ya murieron? Están *con* Jesús.

¿Y dónde está Jesús ahora? Él está en el cielo.

Entonces, sí, la Biblia habla de personas que van al cielo cuando mueren, pero esto no significa flotar en una nube. Significa descansar con Jesús en completa paz, alegría y seguridad hasta el día de su regreso a la tierra. Así que es un muy buen lugar para estar. Sin embargo, será *aún* mejor. Porque recuerda, ¡el cielo *no* es la última parada para los amigos de Jesús!

Como ya vimos, el día que Jesús regrese, resucitará a todos los seres humanos de la historia, y todos los que pusieron su confianza en Jesús serán bienvenidos a la vida eterna en el reino de Dios, *aquí mismo en la tierra*.

Entonces, si la resolución de la historia de Dios es que Jesús regrese para reunir el cielo y la tierra, ¿cómo será de veras esa resolución?

Pablo lo describió así:

> *El Señor mismo descenderá del cielo con voz de mando, con voz de arcángel y con trompeta de Dios, y los muertos en Cristo resucitarán primero. Luego los que estemos vivos, los que hayamos quedado, seremos arrebatados junto con ellos en las nubes para encontrarnos con el Señor en el aire. Y así estaremos con el Señor para siempre. (1 Tesalonicenses 4:16-17)*

Cuando Jesús regrese a la tierra, los «muertos en Cristo» (los seguidores de Jesús que ya murieron) volverán a la vida en nuevos cuerpos y, entonces, los seguidores de Jesús que todavía están vivos se les unirán.

Sin embargo, espera, ¿qué es eso de ser arrebatados en las nubes y encontrarnos con Jesús en el aire? ¿No significa esto que, después de todo, *pasaremos* una eternidad en un lugar de nubes flotantes?

No tan rápido.

Cuando la Biblia dice «encontrarnos con el Señor en el aire», la palabra «encontrarnos» se usa para describir a la gente de una ciudad que sale para recibir a un invitado de honor y *darle la bienvenida a la ciudad*.

Así que la Biblia no dice que Jesús nos transportará a todos a las nubes cuando regrese. Dice lo contrario: que, cuando Jesús «descienda», todo su pueblo se unirá para darle la bienvenida con alegría *a su regreso a la tierra*.

~~~~~~

Llegados a este punto, una pregunta que me hacen a menudo es: «Si *todas esas personas* van a regresar a la vida en la tierra, ¿cómo vamos a *caber* todos?».

Y aquí está mi brillante respuesta: No lo sé.

Aun así, estoy seguro de que Dios lo tiene resuelto. En primer lugar, creó todo nuestro universo de la nada, por lo que hacer espacio en ese universo para más personas no será un problema para Él.

Tal vez la tierra arreglada solo será más grande de lo que es ahora. O quizá el hecho de que todos *compartamos* mejor la tierra y sus recursos que ahora signifique que ni siquiera sea un problema. Sin embargo, a estas alturas, solo hago suposiciones. Al final, creo que mi respuesta original es la mejor: Estoy seguro de que Dios lo tiene resuelto.

En cualquier caso, volvamos a lo que *sí* sabemos: cuando Jesús regrese, acabará con todo el mal en todas partes, y hará que el mundo vuelva a ser nuestro hogar perfecto. Sin embargo, cuando el amigo de Jesús, Pedro, lo describe, no es así con exactitud como lo hace parecer:

> *El día del Señor llegará como un ladrón en la noche. Ese día los cielos desaparecerán en medio de un gran estruendo, y los elementos arderán y serán reducidos a cenizas, y la tierra y todo lo que en ella se ha hecho será quemado. [...] Ese día los cielos serán deshechos por el fuego, y los elementos se fundirán por el calor de las llamas. (2 Pedro 3:10-12, RVC)*

Lo cual parece aterrador por completo, ¿verdad?

Mientras escribo este capítulo, enormes zonas de Australia se están destruyendo por incendios forestales. Cientos de millones de animales están muriendo. Ciudades enteras se están quemando hasta los cimientos. La gente está perdiendo todo lo que tiene y, a veces, incluso la vida. Es una destrucción total, aterradora y trágica.

Y eso es lo que parece, ¿verdad? Parece como si Pedro dijera que todo se destruirá, y son pasajes como estos en la Biblia los que llevan a la gente a pensar que Jesús abandonará este mundo y nos llevará a todos a otro lugar.

Sin embargo, eso no es en absoluto lo que dice Pedro.

Por un lado, el propio Jesús describe el cielo y la tierra reunidos como «la renovación de todas las cosas» (Mateo 19:28), no la *destrucción* de todas las cosas.

Por otro lado, la Biblia promete que toda la creación de Dios se *liberará* de todo el daño que le hemos hecho el día en que Jesús regrese (Romanos 8:21-22), lo cual es prácticamente lo contrario a ser destruida.

El «fuego» que Pedro describe aquí no es un fuego que destruye.

Es un fuego que purifica.

Sin embargo, para entender eso, necesitamos entender un poco sobre la minería de oro.

Cuando el oro se extrae de la tierra, al principio está lleno de impurezas: trozos de metal y otras cosas que se mezclan con el oro. Y en la antigüedad, la forma de deshacerse de toda esa basura que no pertenecía al oro era con *fuego*.

Se ponía el oro en un recipiente ancho y poco profundo llamado crisol y se colocaba sobre el fuego. A medida que el fuego fundía el oro, todas las impurezas subían a la superficie, lo que te permitía retirarlas con cuidado y deshacerte de ellas, hasta que solo te quedaba oro puro.

Pedro utiliza esta imagen del fuego para describir lo que Jesús va a hacer con nuestro mundo cuando regrese. Jesús no va a destruir el mundo. Lo va a purificar. Va a eliminar la muerte, la tristeza, la enfermedad, el sufrimiento y toda la demás basura que no pertenece al mundo, hasta que nos quede nada más que un cielo y una tierra puros, perfectos y unidos.

Pedro continúa tomando prestada una cita anterior de la Biblia, describiendo este mundo purificado como «un cielo nuevo y una tierra nueva» (Isaías 65:17; 2 Pedro 3:13). No es un cielo y una tierra de *reemplazo*, sino de este cielo y esta tierra, sanados, restaurados y *hechos nuevos*: una nueva creación perfecta donde el cielo y la tierra se reúnen y *todo* lo malo se corrige.

# Capítulo 7

## ¿Cómo será la vida cuando Jesús regrese?

Así que Jesús regresará para devolverle la vida a su pueblo, y reunir el cielo y la tierra en una nueva creación perfecta, lo cual es una noticia fantástica.

Sin embargo, ¿cómo será de veras la vida en este mundo arreglado?

Para encontrar algunas respuestas, vayamos al último libro de la Biblia. El libro de Apocalipsis lo escribió el amigo de Jesús, Juan, a quien encarcelaron por hablarle a la gente acerca de Jesús.

Fíjate, justo antes de que Jesús regresara al cielo, les dejó a sus primeros seguidores con una misión: ir por el mundo, invitando a todos a poner su confianza en Jesús y entrar en el reino de Dios (Mateo 28:16-20).

¡Y eso es con exactitud lo que hicieron los seguidores de Jesús! Aun así, no todos estuvieron de acuerdo con su mensaje. A los seguidores de Jesús los golpearon, encarcelaron y hasta asesinaron por predicar las buenas nuevas sobre Él.

De esa manera fue que Juan terminó en la cárcel. Mientras estaba allí, Jesús se le apareció con algunas instrucciones y aliento para su pueblo (Apocalipsis 1:9-11).

Sin embargo, esto fue mucho más que una simple conversación; en realidad, Jesús le mostró a Juan cómo sería la vida cuando regresara. Era la forma en que Jesús le decía a su pueblo: *Sé que las cosas están difíciles en este momento, pero resistan, ¡pues todo valdrá la pena!*

Y al leer el relato de Juan sobre lo que vio, podemos recordar que la promesa de Jesús es igual de cierta para nosotros hoy si somos uno de sus seguidores.

~~~~~~

¿Recuerdan en el capítulo anterior cómo Pedro dijo que esperaba «un cielo nuevo y una tierra nueva»? Bueno, Juan los vio en realidad:

*Después vi un cielo nuevo y una tierra nueva, porque el primer cielo y la primera tierra habían dejado de existir, lo mismo que el mar. (Apocalipsis 21:1)*

Ahora bien, si te sientes estafado porque no podrás ir a la playa en la nueva creación, no te preocupes, eso no es lo que Juan dice aquí.

En el mundo antiguo, «el mar» era una forma común de hablar sobre el caos y el miedo, y a eso se refiere Juan aquí. No está hablando del mar real. Está diciendo que la vida en el cielo y la tierra unidos significará *no tener miedo nunca más*.

Juan continúa:

> *Vi además la ciudad santa, la nueva Jerusalén, que bajaba del cielo. (v. 2)*

Recuerda, la Jerusalén original en Israel era la ciudad del *rey* de Israel, por lo que esta *nueva* Jerusalén del cielo debe ser la ciudad del *Rey* del cielo: ¡Jesús!

Cuando Juan utiliza esta imagen poética de una *nueva Jerusalén* que viene a la tierra, se refiere a que Dios trae *su* hogar para unirse con *nuestro* hogar.

¡Esto es el cielo y la tierra unidos de una vez por todas!

Esto es con exactitud lo que Juan describe a continuación:

> *Oí una potente voz que provenía del trono y decía: «¡Aquí, entre los seres humanos, está el santuario de Dios! Él habitará en medio de ellos y ellos serán su pueblo; Dios mismo estará con ellos y será su Dios». (v. 3)*

Y cuando Jesús vuelva a unir el cielo con la tierra, no habrá lugar para el sufrimiento ni para la muerte:

*Enjugará las lágrimas de sus ojos, y ya no habrá muerte, ni luto, ni llanto, ni dolor, porque todo lo viejo ha desaparecido. (v. 4, BLPH)*

Es muy fácil creer que el mundo actual es como *siempre* será: que el sufrimiento y la muerte son solo partes invariables de *cómo son las cosas*.

Sin embargo, Jesús promete que, en la nueva creación, miraremos hacia atrás y veremos todo el dolor y el quebranto de este mundo como «lo viejo», como el modo en que solían ser las cosas. Todo lo *viejo* desaparecerá y se sustituirá por nuevas cosas. Todo el caos y el miedo de cómo son las cosas hoy se sustituirán por la vida, el gozo y la paz interminables de Jesús.

Como dijo el propio Jesús: «¡Yo hago nuevas todas las cosas!». (v. 5).

~~~~~~

En cambio, si eres como yo, esto plantea un millón de preguntas sobre lo que será y lo que no será parte de la nueva creación.

Algunas cosas son obvias: Jesús estará allí. La gente estará allí. El mundo natural estará allí: animales, plantas, montañas, ríos, bosques y playas. Habrá comida, bebida y celebración increíbles (Isaías 25:6).

Entonces, ¿qué pasa con todas las *otras* cosas?

¿Seguiremos teniendo teléfonos cuando Jesús regrese? ¿Seguirá existiendo Instagram? ¿Qué pasa con esas novelas que escribí con un montón de cosas oscuras y aterradoras? ¿Y qué pasa con las *donas*? ¿Habrá donas Krispy Kremes en la nueva creación?

La mayoría de estas preguntas son en realidad diferentes versiones de la *misma* pregunta: «¿Estarán las cosas que me gustan en la nueva creación? Y si no es así, ¿no me decepcionaré?».

Para la primera mitad de la pregunta, tendré que volver a mi brillante respuesta del capítulo anterior:

No lo sé.

No he visto la nueva creación (y por alguna razón, el registro de Juan del momento en que la vio no menciona las donas ni una sola vez).

Aun así, puedo darte una respuesta garantizada a la segunda mitad de la pregunta:

No, no te decepcionarás.

~~~~~~~~~~

Aquí está la cuestión: por mucho que me encante pasar por mi tienda local 7Eleven para comprarme una dona Krispy Kreme, hay algo que me encanta mucho más.

Cada año, en mi cumpleaños, reúno a un grupo de amigos y familiares para una gran fiesta en mi restaurante favorito. Es toda una noche de comida, bebida y celebración increíbles con algunas de mis personas favoritas en todo el mundo, ¿y sabes lo que *nunca* pienso ni siquiera por un segundo?

«Hombre, en realidad, desearía estar en 7Eleven ahora mismo».

Porque las donas son geniales, pero en una elección entre esas dos opciones, ni siquiera es una competición.

Y esto es lo que es comparar nuestro mundo de hoy con la nueva creación. Hay muchas cosas geniales en la vida actual, y todo lo mejor de eso *seguirá* aquí en la nueva creación, pero incluso los *mejores* momentos de tu vida hoy son solo pequeños destellos del gozo que Jesús tiene para ti en el futuro.

Cualquier cosa que *no* esté allí en la nueva creación, puedes estar seguro de que no lo echarás de menos, pues estarás demasiado ocupado disfrutando de lo que *está* allí.

~~~~~~

Lo que nos lleva a otra pregunta común que la gente hace sobre todo esto: «¿Vivir para siempre no será *aburrido* después de un tiempo? ¿Qué vamos a *hacer* todo el día?».

Y si Jesús fuera a llevarnos flotando para sentarnos en una nube para siempre, entonces sí, eso *sería* aburrido, ¡pero ese *no* es el futuro que nos espera!

Entonces, ¿qué haremos?

Bueno, como vio Juan, la respuesta corta es que adoraremos a Dios para siempre:

> *Y oí a cuanta criatura hay en el cielo, en la tierra, debajo de la tierra y en el mar, a todos en la creación, que cantaban: «¡Al que está sentado en el trono y al Cordero, sean la alabanza y la honra, la gloria y el poder, por los siglos de los siglos!». (Apocalipsis 5:13)*

Sin embargo, *adorar a Dios para siempre* no significa estar todo el día vestido con túnicas blancas, cantando canciones de iglesia.

Podemos (¡y lo haremos!) adorar a Dios cantando, pero también adoraremos a Dios a través de cualquier *otra* parte de nuestra vida, tal como nos crearon para hacerlo, desde el principio.

Recuerda, cuando Dios creó a los seres humanos, nos hizo para vivir para siempre. No solo para sentarnos a *existir* todo el día, sino para *vivir* de manera real, verdadera y en abundancia, para trabajar codo a codo con

Dios y entre nosotros, a fin de seguir llenando el universo con cada vez más amor, gozo, belleza y bondad.

Entonces, ¿qué harás todo el día en la nueva creación?

Bueno, ¿qué te *gusta* hacer?

¿Te gusta el arte, la música o el drama? ¿Te gusta el deporte? ¿Te gusta bailar, la gimnasia, las ciencias o las matemáticas? ¿Te gusta leer, escribir o dibujar? ¿Te gusta conocer gente nueva o aprender cosas nuevas? ¿Te gusta jugar con tus mascotas? ¿Te gusta cocinar, la moda o el diseño? ¿Te gustan las largas conversaciones con buenos amigos? ¿Te gusta hacer senderismo, esquiar, montar a caballo, acampar o ir a la playa?

Piensa en todas las cosas buenas, verdaderas y hermosas que Dios ha puesto en tu corazón: las cosas que hacen del mundo un lugar mejor, que te hacen revivir por dentro, que te hacen pensar: *¡Podría hacer esto para siempre!*

Porque si de veras es bueno, verdadero y hermoso, puedes esperar hacer alguna versión de esto en la nueva creación. O lo harás como te lo imaginas ahora, o Dios te proporcionará una manera *aún mejor* de encontrar el mismo gozo que esas cosas te brindan hoy.

Y *todo* será adoración, pues *todo* lo que hagamos, por el resto de la eternidad, será una gigantesca celebración del Dios que nos amó, nos salvó y nos llevó a casa.

# Capítulo 8
# ¿Cómo seremos nosotros cuando Jesús regrese?

Ahora que hablamos de lo que *haremos* cuando Jesús regrese, pasemos a algunas preguntas sobre quiénes *seremos*.

En primer lugar, si Jesús va a devolverles la vida a sus seguidores en cuerpos resucitados, ¿cómo serán esos cuerpos en realidad?

A fin de responder esa pregunta, miremos a la única persona que ya tiene su cuerpo resucitado: Jesús mismo.

Después que resucitó de entre los muertos, Jesús fue a mostrarles a sus amigos que estaba vivo de nuevo. Al principio, pensaron que Jesús era un fantasma y se aterrorizaron (Lucas 24:37, BLPH). Pero entonces Jesús los invitó a que les examinaran sus manos y sus pies. «Tóquenme y mírenme», dijo. «Los fantasmas no tienen carne ni huesos, como ustedes ven que yo tengo» (vv. 39-40, BLPH).

Y cuando sus amigos estaban tan asombrados y contentos que *todavía* no podían creer lo que estaban viendo, Jesús pidió algo de comida y la comió delante de ellos (vv. 41-43).

Él estaba de veras allí. Vivo en realidad.

Y lo *sigue* estando.

Jesús gobierna el universo desde el cielo, no como un fantasma, ni como un espíritu ni como algún otro ser menos que humano. Ni siquiera como un ángel. Jesús es un ser humano real en un cuerpo humano real: su *propio* cuerpo, resucitado y como nuevo.

La verdad es que *mejor* que nuevo. Porque habiendo vencido a la muerte, Jesús no podrá volver a morir nunca más; la muerte ya no tiene dominio sobre Él (Romanos 6:9). Lo que significa que se acabaron las enfermedades, los achaques, el envejecimiento y las arrugas.

En otras palabras, Jesús resucitó en el tipo de cuerpo que los seres humanos *siempre debieron tener*, antes de que el sufrimiento y la muerte entraran en el mundo.

Y Dios promete que, si pones tu confianza en Jesús, *tu* cuerpo resucitado será como su cuerpo resucitado (Romanos 6:5). Puedes seguir a Jesús *a través* de la muerte y salir al otro lado.

Cuando Jesús regrese, no serás *menos* de lo que eres ahora. Serás mucho más: la versión de ti mismo perfectamente fuerte, saludable, interminable y *completamente humana* que siempre debiste ser.

Es bueno recordar esto cuando nos enfermamos o si nuestro cuerpo no funciona como nos gustaría.

Un día disfrutaremos de la vida en un cuerpo nuevo que nunca irá mal. ¡Eso es algo que vale la pena esperar!

~~~~~~~~~~

Aun así, esto a menudo plantea otra pregunta: «¿Qué edad tendremos en la nueva creación?».

Sabemos que Jesús tenía poco más de treinta años cuando murió, pero la Biblia no indica la edad que tenía su cuerpo cuando volvió a la vida.

Entonces, si tu cuerpo resucitado no envejecerá ni se arrugará con el paso del tiempo, ¿cuántos años tendrá ese cuerpo? ¿Tendrás para siempre el cuerpo de un niño de diez años? ¿O el de un adolescente? ¿O el de un cuarentón? ¿O tu cuerpo solo se quedará encerrado en la edad que tenías cuando moriste?

La respuesta más probable es: «Ninguna de las anteriores».

Porque cuando lo piensas, «joven» y «viejo» son solo palabras que usamos para describir lo cerca que está alguien del final de su vida y lo desgastado que está su cuerpo, pero en la nueva creación, nuestras vidas *nunca* terminan y nuestros cuerpos *nunca* se desgastan.

Así que no vas a tener un cuerpo viejo en la nueva creación, pero tampoco vas a tener un cuerpo joven.

Vas a tener un cuerpo *nuevo*.

Será un cuerpo que serás tú de manera inconfundible. Aunque, al mismo tiempo, es probable que se vea un poco diferente a las fotos tuyas de cualquier momento de tu vida hasta ahora, pues tu cuerpo resucitado estará libre por completo de todas las cosas rotas en este mundo que afectan a nuestros cuerpos hoy en día.

~~~~~~~~~

Hace unos años, fui al funeral de mi amigo John Baker. John era unos cincuenta años mayor que yo, por lo que solo lo conocía como un anciano con un cuerpo frágil y arrugado. Sin embargo, durante el servicio, mostraron todas esas fotografías en blanco y negro de John cuando era joven.

Fue increíble imaginar cómo habría sido conocer a John cuando podía correr, nadar, trepar a los árboles y dar volteretas.

Aunque lo que fue aún más impresionante fue saber que algún día no tendré que imaginarlo. Porque la próxima vez que vea a mi amigo John, estará en su cuerpo resucitado y podrá volver a hacer todas esas cosas mejor que nunca.

~~~~~~~~~

Por cierto, en caso de que estés preocupado, supongo que nada de esto significa que no habrá cumpleaños en la nueva creación. Al fin y al cabo, los cumpleaños son celebraciones de vida, amor y alegría, ¡que es de lo que trata la nueva creación!

Puede que sea un poco complicado encontrar la manera de poner diez millones de velas en tu tarta para celebrar tu décimo millón cumpleaños, pero estoy seguro de que se te ocurrirá algo.

~~~~~

Aunque de todos modos, a estas alturas es bastante fácil responder a la siguiente pregunta que la gente suele hacerse sobre la vida en la nueva creación: «¿Seremos capaces de reconocernos unos a otros?».

Porque si esperas que todos sean un espíritu flotante medio real, ¿quién sabe si tu yo espiritual flotante medio real podrá reconocer a tus amigos y familiares espirituales flotantes medio reales?

Sin embargo, no vamos a ser espíritus flotantes y medio reales. Vamos a ser nosotros.

Cuando Jesús volvió a la vida, *seguía siendo* Jesús.

Era la misma persona que siempre había sido. Tenía la misma personalidad, las mismas amistades, los mismos recuerdos. Nada de eso se le borró a Él, y nada de eso se borrará de ti tampoco.

Es cierto que las biografías de Jesús registran un par de ocasiones en las que la gente no reconoció *de inmediato* a Jesús cuando lo vieron por primera vez después de su resurrección (Lucas 24:16; Juan 20:14-15), pero incluso esas personas se dieron cuenta enseguida.

Y aunque la Biblia no nos da todos los detalles que quisiéramos acerca de *cómo* será una vez que nuestras vidas, personalidades y relaciones se renueven y transformen por completo debido al amor de Jesús, podemos estar seguros de que todas esas cosas serán *más* increíbles de lo que son ahora, no menos.

El punto es que no necesitas preocuparte por no reconocer a las personas que te importan en la nueva creación; ellas seguirán siendo ellas, y tú seguirás siendo tú.

~~~~~

Entonces, ¿qué pasa con las personas con las que preferiríamos *no* tropezar en la nueva creación?

Después de todo, si Jesús dejará que *cualquiera* que ponga su confianza en Él forme parte de su reino, ¿no significa eso que la nueva creación podría estar llena de asesinos?

O tal vez para ti, no solo sea una pregunta general. Quizá haya una persona muy *específica* a la que no quieras ver. Si una persona en particular te ha hecho mucho daño, es posible que te preguntes: «Si voy a vivir para siempre, ¿eso significa que tendré que pasar toda la eternidad con *esa persona*?».

Tal vez pienses que eso no se parece *en nada* al cielo.

Aun así, la manera de responder a esas dos preguntas es entender que, cuando Jesús regrese, no solo hará que el *mundo* sea nuevo por fuera; *nos* hará nuevos por dentro.

Hay una parte asombrosa en la Biblia donde Dios dice:

> *Les daré un nuevo corazón y derramaré un espíritu nuevo entre ustedes; quitaré ese corazón de piedra que ahora tienen y les pondré un corazón de carne. Infundiré mi Espíritu en ustedes y haré que sigan mis estatutos y obedezcan mis leyes. (Ezequiel 36:26-27)*

Dios no promete darle a nadie un trasplante *literal* de corazón aquí. En la Biblia, hablar de nuestro «corazón» es una forma de hablar de lo que *confiamos*, de lo que *valoramos*, de lo que *amamos*. En primer lugar, la única razón por la que arruinamos tanto nuestra amistad con Dios es porque no confiamos plenamente en el amor de Dios por nosotros y nos negamos a vivir a su manera, pero Dios promete rehacernos con corazones *nuevos* que sí confían por completo en su amor, a fin de que podamos seguirle como es debido.

Esto es algo que empieza a cambiar en nosotros en el momento en que ponemos nuestra confianza en Jesús, pero cuando Jesús vuelva, perfeccionará esa transformación (Filipenses 1:6).

Entonces, ¿la nueva creación *estará* llena de asesinos?

No. Estará lleno de personas que solían asesinar, robar, mentir o cualquier otra cosa, pero ya no harán esas cosas, y nosotros tampoco, pues *todos* nuestros corazones serán transformados a la perfección por el amor de Dios.

¿Y cómo puede la nueva creación seguir siendo un buen lugar para ti si Jesús los deja entrar a *ellos* también?

Porque si han puesto su confianza en Jesús, serán transformados a la perfección por su amor, al igual que tú, lo que significa que nunca más pelearán contigo, ni discutirán contigo, ni te harán daño de nuevo. Gracias a Jesús, todo ese dolor, herida y sufrimiento desaparecerán para siempre.

Ahora mismo, en medio de un mundo que está roto de manera tan profunda, eso puede ser *muy* difícil de imaginar. Sin embargo, el amor transformador de Dios es lo suficientemente poderoso como para hacer de la nueva creación un lugar seguro, lleno de amor y de abundante alegría para *todos*, sin importar quién más esté allí.

# Capítulo 9

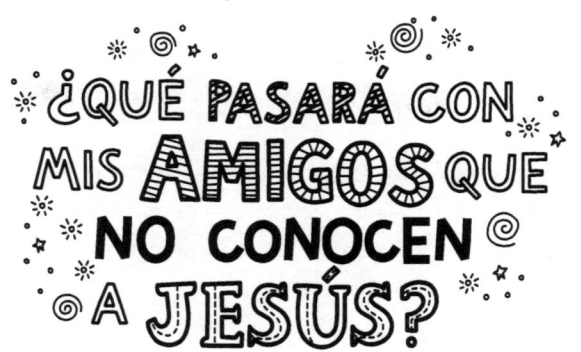

# ¿QUÉ PASARÁ CON MIS AMIGOS QUE NO CONOCEN A JESÚS?

Ahora llegamos a una de las preguntas más difíciles sobre la nueva creación: «¿Qué pasa con las personas que amo y que *no* siguen a Jesús?».

Jesús invita a todo el mundo a seguirle, ¿pero qué pasa con los que no le siguen?

Tal vez no tengas en mente a una persona concreta. Tal vez solo te estés preguntando si de veras puedes confiar en que Dios será bueno y justo. Tal vez tengas una pregunta como: «¿Qué pasa con un bebé que muere antes de que pueda siquiera entender quién es Jesús?» o «¿Qué pasa con alguien en un pueblo pequeño y aislado que muere sin haber *oído* hablar nunca de Jesús?».

La forma más clara de responder estas preguntas es observar lo que Jesús nos muestra sobre cómo es Dios. Y la buena noticia es que, cuanto más investigues a Jesús, más verás cuán bueno y justo es Dios *por completo*.

Verás cómo, mientras crucificaban a Jesús, clamó a su Padre que *perdonara* a las personas que clavaban los clavos en su cuerpo (Lucas 23:34).

Verás cómo, cuando el criminal asesino que colgaba de la cruz junto a Jesús preguntó si él podía formar parte del reino de Dios, Jesús le dio la bienvenida con gusto (vv. 40-43).

Y, por supuesto, verás la señal suprema del amor de Jesús: ¡el hecho de que incluso fue a la cruz por nosotros en primer lugar!

Jesús no busca excusas para mantener a la gente *fuera* de su reino.

Quiere *recibir* a la gente.

Así que, no, Dios no va a culpar a un bebé por no ir a la iglesia a conocer a Jesús, y no va a culpar a nadie por no saber algo que no tenía forma de saber.

Sin embargo, al mismo tiempo, Dios les da a *todos* una señal de su poder y gloria a través del universo que creó, lo que significa que *todos* tenemos suficiente información para al menos comenzar a preguntarnos quién es Dios (Romanos 1:20).

Y cuando esa *pregunta* se convierte en investigación, Jesús promete ayudarnos a descubrirlo.

Dios no se esconde. *Quiere* que le conozcamos. Y como Jesús nos muestra, *siempre* será bueno y justo por completo.

~~~~~~~~~~

Entonces, para ti, tal vez eso no ayude mucho, pues quizá tu *verdadera* pregunta sea mucho más específica y personal que eso.

Tal vez tú te convirtieras en seguidor de Jesús, pero tus padres no. O tal vez tus amigos piensen que todo es una tontería. O tal vez sigan una religión que tiene ideas diferentes por completo acerca de Dios, por lo que quizá tu verdadera pregunta sea: «¿Qué pasa con ellos?».

Porque, recuerda, Jesús insiste en que la única manera de que alguien pueda ser parte de la nueva creación es poniendo su confianza en Él. «Yo soy el camino, la verdad y la vida», dijo Jesús. «Nadie llega al Padre sino por mí» (Juan 14:6).

Ahora bien, algunas personas se ofenden mucho por esto. Dirán que es muy limitado y cruel decir que solo hay *un camino* hacia Dios.

Y en cierto modo, es limitado, pero así es casi siempre con la verdad.

Tomemos como ejemplo la gravedad. Si me pongo una capa y salto desde el balcón de mi edificio de apartamentos, terminaré seriamente herido, no porque la gravedad sea mala, sino porque es verdad. La gravedad solo es *como son las cosas*.

De la misma manera, Jesús no es *malo* al decir que Él es el único camino a Dios. Solo explica cómo son las cosas, a fin de que podamos extender la mano y tomar la vida que Él vino a ofrecernos.

Sin embargo, lo más importante es ver que, aunque *de seguro* te preocuparás por las personas que amas y que no conocen a Jesús, no necesitas *preocuparte* por ellas, pues ten presente que por mucho que ames a tus amigos y familiares, Jesús los ama *aún más*.

La única razón por la que Jesús vino es que quiere rescatar y salvar a las personas que están lejos de Dios (Marcos 1:17), y una de las formas más importantes en que lo hace es obrando a través de las vidas de las personas que ya rescató y salvó.

Entonces, si quieres que tus amigos y familiares conozcan las buenas noticias de Jesús, *¡diles las buenas noticias de Jesús!* Y si no quieren escucharlas, *muéstrales* las buenas nuevas de Jesús haciendo todo lo posible por amarles como les ama Jesús, confiando en que Dios está contigo en cada paso del camino.

Y hagas lo que hagas, *sigue orando* por tus amigos y familiares, ¡sabiendo que a Dios le *encanta* responder oraciones como estas!

~~~~~~~~~~

Aun así, puede que pienses: «Está bien, claro, ¡pero ya he *intentado* todo eso! He hecho *todo* lo que he podido, ¡pero todavía no lo creen!

Y aquí es donde de veras es importante tener en cuenta que *tú no eres Dios*.

Lo que podrías pensar que es bastante obvio. Aun así, lo que quiero decir es que es muy importante seguir recordando que rescatar a las personas es trabajo *de Dios*, no tuyo.

Sí, Jesús quiere que su pueblo anuncie las buenas nuevas sobre Él, pero al final, el único que puede convencer a tus amigos y familiares de la verdad acerca de Dios es *Dios*.

Si te metes en la cabeza que todo depende de ti para salvar a las personas que te importan, terminarás frustrado y estresado por completo, pues te has apuntado a un trabajo que, *ante todo, nunca fue tuyo*.

Créeme. Lo he probado. Es lo peor.

La verdad es que todo lo que Dios te pide que hagas es que sigas amando a las personas, que sigas orando por ellas, que sigas aprovechando las oportunidades que te da para mostrarles cómo ha cambiado *tu* vida y, luego, confía en Él para el resto.

Y cuando parezca que estás haciendo todo eso y *no pasa nada*, recuerda que Dios fue muy amable y paciente contigo mientras te ayudaba a descubrir quién era Él, y puedes confiar en que les mostrará esa misma bondad y paciencia a tu familia y amigos.

Así que, al final, depende de cada uno de nosotros elegir cómo vamos a responderle a Jesús. Nadie más puede hacer esa decisión por ti y tú no puedes hacerlo por nadie más.

Lo que *puedes* hacer es seguir recordando quién es Dios: que sabe lo que hace y que siempre está haciendo mucho más de lo que podemos ver; que es bueno, justo, paciente y bondadoso, incluso cuando no podemos entenderlo.

Lo que significa que incluso cuando parece que sucedió lo peor, y alguien a quien amamos ya falleció, *podemos seguir* confiando en que Dios es Dios. No conocemos todos los detalles de la historia de una persona, pero Dios sí, y podemos estar seguros de que Dios *siempre* hará lo bueno.

Y si estamos tristes, confundidos y dolidos, siempre podemos acudir a Dios en oración y contárselo. Cuando lo hacemos, Él promete darnos su paz y tranquilidad.

Y mientras nos preguntamos, oramos y esperamos el día en que Jesús regrese y *todo* esto se aclare, podemos saber que Jesús no se estresa por nada de esto, y nosotros tampoco necesitamos hacerlo.

~~~~~~~~~~

Déjame contarte sobre mi amigo Justin.

El padre de Justin no era seguidor de Jesús. Toda su vida, el padre de Justin pensó que las buenas nuevas de Jesús eran tonterías.

Sin embargo, Justin amaba a Jesús y por eso, durante años, oró por su padre. Le habló a su papá sobre el amor de Jesús. Hizo todo lo posible para *mostrarle* a su padre el amor de Jesús a través de la manera en que vivía su propia vida.

Y nada sucedió.

El padre de Justin no cambió de opinión. No estaba convencido por completo.

Y entonces Justin recibió la noticia de que su padre se estaba muriendo.

Sin embargo, en medio de todo su dolor y tristeza, Justin *siguió* orando. Siguió contándole las buenas nuevas de Jesús a su padre y allí mismo, al final, solo unas horas antes de morir, el padre de Justin se dio cuenta de la verdad sobre quién era Jesús. Cambió y le siguió.

Todas esas oraciones y conversaciones durante todos esos años podrían haber parecido una pérdida de tiempo, pero *no lo fueron en absoluto*. Dios estuvo allí todo el tiempo, asegurándose de que no se desperdiciara ni un solo momento.

~~~~~~~~~~

Y creo que todo esto ayuda a responder una última pregunta: «Si Jesús va a regresar, ¿por qué tarda tanto? ¿Qué está esperando?».

Bueno, como explicó Pedro, el amigo de Jesús, la larga espera por el regreso de Jesús es, en realidad, solo *otro* ejemplo increíble de la bondad de Dios:

*El Señor no tarda en cumplir su promesa, según entienden algunos la tardanza. Más bien, él tiene paciencia con ustedes, porque no quiere que nadie perezca, sino que todos se arrepientan. (2 Pedro 3:9)*

Jesús no está siendo *lento*. Está siendo *paciente*.

## ¿Qué está esperando Jesús?

Bueno, si aún no has decidido poner tu confianza en Jesús, Él está esperando por *ti*. Te está dando todas las oportunidades que necesitas para volver a Él, a fin de que tú también puedas formar parte de su nueva creación.

Y si ya estás siguiendo a Jesús, Él te está dando toda la oportunidad que necesitas para testificarle de sus buenas nuevas al mundo, confiando en que Él tiene el control, y que siempre hará lo que es bueno y justo.

Sin embargo, confiar en Jesús no solo influye en lo que sucede cuando mueres. Marca una *gran* diferencia en tu forma de vivir, aquí y ahora. Significa que no debes tenerle miedo a la muerte, pues Jesús ya la venció por ti. Significa que no necesitas estresarte por llenar tu vida con esta o aquella experiencia, pues tendrás el resto de la eternidad para explorar la nueva creación de Dios. Y significa que tienes una esperanza inquebrantable, incluso ante la enfermedad, la tristeza o el sufrimiento, pues sabes que las cosas no serán así para siempre. Un día, Dios se ocupará de esto para siempre.

Dios ya fijó el día y la hora exactos en que Jesús regresará para reunir el cielo y la tierra, y darle la bienvenida a su pueblo a la vida eterna con Él, ¡y *esas son* noticias asombrosas!

Aun así, mientras tanto, Jesús está dándoles pacientemente a las personas todo el tiempo y la oportunidad que necesitan para decidir si van a confiar en Él, ¡y *esas* son noticias asombrosas también!

# Referencias

Hace años, escuché a Jeff Manion predicar un sermón sobre cómo la visión de Dios para nuestro futuro es mucho mejor que el «aburrido lugar blanco» que tan a menudo imaginamos. Sus sabias ideas me ayudaron a emprender el camino que condujo a este libro.

*La razón de Dios*, de Timothy Keller, tiene un capítulo fantástico titulado «¿Cómo puede un Dios bueno condenar a las personas al infierno?», en la elaboración de este libro. La predicación de Keller también influyó mucho en el capítulo cinco de este libro sobre la unidad tripartita de Dios y cómo esa relación perfecta con Dios mismo se rompió en la cruz.

Este libro también tiene una deuda de gratitud con Tim Mackie y Jon Collins, cuyo pódcast Bible Project me ayudó a comprender mejor a qué se referían los antiguos escritores bíblicos cuando hablaban de «los cielos» y «la tierra».

Joshua Ryan Butler escribió un libro increíble llamado *The Skeletons in God's Closet* [Los esqueletos en el armario de Dios], que me ha ayudado en gran medida a conformar mi comprensión del cielo y del infierno.

Y por último, pero no menos importante, gracias a John Dickson y Stephen Langfur por mostrarme Israel y llevarme en ese viaje en autobús a la Gehena.

# Agradecimientos

Gracias a Rachel Jones por ser una editora tan perspicaz y paciente, a André Parker por su impresionante diseño, a Emma Randall por las fantásticas ilustraciones y portada, y a todo el equipo de TGBC por apoyar esta serie y contribuir a que sea lo mejor posible.

Muchas gracias a Hannah Chalmers, Micah Ford, Corlette Graham, Ella y Fran Jewell, Hannah, Grace y Georgie Moodie, y Sophia Tollitt, por leer los primeros borradores de este libro. Sus opiniones y aliento fueron útiles de manera increíble.

Gracias al personal, los estudiantes y las familias de PLC Sydney. Es uno de los grandes privilegios de mi vida contarles las buenas nuevas de Jesús a ustedes cada semana. En particular, gracias a mis clases del quinto curso de 2020 (5B, 5E, 5O y 5W), que fueron los primeros en escuchar estos libros y me proporcionaron muchísimos comentarios útiles.

Gracias a mamá y papá por las incontables horas que han dedicado a hablar sobre mis grandes preguntas sobre Dios durante los últimos 30 años. ¡Ah, y también por el auto!

Gracias a Katie y Waz, Phil y Meredith, y Kerryn y Andrew, por su constante amor, apoyo, sabiduría y aliento.

Gracias a Hattie por ayudarme a ver el amor de Dios con más claridad. Dios permita que crezcas con abundantes y grandes preguntas, y que sigas recurriendo a nuestro gran rey Jesús en busca de respuestas.

Gracias a Tom French por ser un brillante compañero de redacción y de pódcast.

Gracias a Rowan McAuley por su amistad y colaboración en el evangelio, y por ser siempre tan entusiasta y alentador con estos libros, a pesar de que siguen alejándome de las novelas que debemos escribir.

Gracias a Charlie, Virginie y al equipo de Grappa Ristorante e Bar por proporcionarme comida, bebida y hospitalidad que me permiten vislumbrar la nueva creación.

Por último, pero no menos importante, gracias a la familia de mi iglesia presbiteriana de Abbotsford. En particular, un gran saludo a todo el equipo de YCentral: que este libro les ayude a ver de manera aún más clara el amor abundante que Dios tiene por ustedes en Jesús.

# ¿QUÉ SUCEDE cuando MORIMOS?
**CHRIS MORPHEW**

## GUÍA DE ESTUDIO

### CAPÍTULO 1

- Fíjate en la descripción del cielo en las páginas 13 y 14. ¿Es similar a cómo te has imaginado el cielo, ya sea ahora o en el pasado? ¿De qué maneras?
- Piensa en algunas de las diferentes personas que conoces. ¿Qué creen que ocurre después que morimos?
- ¿Crees que a tus amigos y familiares les preocupa la realidad del infierno o que tal vez no haya nada después de esta vida?
- Revisa la página 17. ¿Con cuál de las razones para leer el libro te identificas más?

### CAPÍTULO 2

- Según las páginas 21-23, ¿para qué creó Dios a los seres humanos?
- ¿Cuáles fueron algunas de las consecuencias de la decisión de las primeras personas de creer una mentira acerca de Dios? ¿De qué manera vemos esas consecuencias en la actualidad?
- ¿Cuál es el plan final de Dios para la tierra y sus habitantes? ¿Estás de acuerdo en que eso parece mejor que pasar la eternidad en un «lugar de nubes flotantes»? Sí o no, ¿por qué?

### CAPÍTULO 3

- ¿Por qué es difícil describir a Dios y dónde está con nuestro limitado lenguaje humano?

- ¿Qué otro significado podemos sacar de estas frases?
- «El cielo es estar con Dios. Se trata menos de dónde y más de quién» (p. 32). ¿Eso te ayuda a sentirte más emocionado por el cielo? ¿Qué preguntas tienes todavía?

**CAPÍTULO 4**

- En este capítulo vimos que el infierno es la separación del Reino de Dios. Si Dios es la fuente de todas las cosas buenas, ¿qué clase de cosas faltarán en el infierno?
- ¿Es Dios cruel al permitir que la gente vaya al infierno? ¿Cómo nos ayuda a responder esa pregunta el ejemplo de la fogata de la página 41?
- ¿Por qué crees que Jesús habló tanto del infierno? ¿Qué mensaje quería que supieran quienes lo escuchaban?

**CAPÍTULO 5**

- Cuando nos comparamos con los demás, ¿cómo estamos? ¿Crees que estás bien? ¿No eres tan malo como otros? ¿No eres tan bueno como algunos? ¿Qué pasa cuando comparas tu vida con la de Jesús?
- Jesús «vino a ofrecernos un intercambio: su vida por la nuestra» (p. 51). ¿Qué tuvo que pasar para poder hacer eso?
- ¿Cómo hizo Dios un camino para que volviéramos a Él sin comprometer sus propias normas? ¿Cuáles son las dos opciones a las que se enfrenta ahora cada persona (lee las páginas 53-54)?

## CAPÍTULO 6

▶ ¿Qué les sucede a los cristianos inmediatamente después de morir? (¿Cómo ayuda Lucas 23:43?). ¿Qué les sucederá a los cristianos el día que Jesús vuelva?

▶ En el párrafo después de la ilustración de la página 58, alguien pregunta: «¿Cómo vamos a caber todos?». ¿Qué otras preguntas tienes sobre la venida de Jesús?

▶ ¿Cuáles son algunas de las cosas que habría que destruir para que la nueva tierra fuera en verdad pura y perfecta? Piensa en todos los ejemplos específicos que puedas.

## CAPÍTULO 7

▶ ¿Cómo era la vida de los primeros seguidores de Jesús? ¿Cómo les habría ayudado en sus tiempos difíciles la lectura de la visión de Juan sobre la venida de Jesús?

▶ ¿Cuáles son las tres cosas de las que podemos estar seguros que habrá en la nueva creación? (Lee la página 66).

▶ ¿Qué cosas buenas, verdaderas y hermosas todavía esperas hacer en la nueva creación? Busca ideas en la página 70.

▶ ¿Qué preguntas o preocupaciones sobre la vida después de la muerte te ha ayudado a resolver este capítulo? ¿Qué preguntas tienes todavía?

## CAPÍTULO 8

- ¿Cómo era el cuerpo de Jesús resucitado? ¿Cómo demostró que estaba vivo de verdad?

- «No necesitas preocuparte por no reconocer a las personas que te importan en la nueva creación; ellas seguirán siendo ellas, y tú seguirás siendo tú» (p. 76). ¿Te sorprende esta afirmación? ¿En qué sentido?

- ¿Habrá gente mala en la nueva creación? (¡Hay más de una manera de responder a esta pregunta!).

## CAPÍTULO 9

- ¿Alguna vez luchas con preguntas difíciles como las de la página 79? Si es así, ¿cuáles son?

- ¿Cómo nos ayudará con estas preguntas recordar que Dios es bueno y justo por completo?

- Revisa las páginas 82 y 83. ¿Qué cosas podemos hacer cuando nos sentimos desilusionados o preocupados por amigos y familiares que no conocen a Jesús?

- ¿Qué diferencia supone seguir a Jesús, no solo en lo que sucede cuando morimos, sino también en cómo vivimos ahora?